AF461048

ÉTUDES MÉDICO-HISTORIQUES

De la Protection de l'Enfant chez les Romains

PAR

JEANSELME

Extrait de *La Presse Médicale* (N° 19, du 2 Avril 1917).

PARIS
MASSON ET Cie, ÉDITEURS
LIBRAIRES DE L'ACADÉMIE DE MÉDECINE
120, BOULEVARD SAINT-GERMAIN, 120

1917

ÉTUDES MÉDICO-HISTORIQUES

DE LA PROTECTION DE L'ENFANT
CHEZ LES ROMAINS

Depuis la fondation de Rome jusqu'à la mort de Justinien s'écoule une période de treize cents ans. Au cours d'une si longue évolution historique, les lois qui régissaient le statut de l'enfant se sont nécessairement modifiées pour se mettre en harmonie avec les mœurs et les croyances.

Sous les rois, et même sous le régime de la loi des XII Tables, le *paterfamilias* exerce un pouvoir despotique et sans contrôle sur tous les membres de sa *gens*. Il est le maître absolu de sa descendance ; il en dispose à son gré, comme de tous les biens qui font partie de son patrimoine.

Vers la fin de la République, les mœurs se sont adoucies. Elles apportent un tempérament à cette puissance paternelle sans limite, et désormais il n'est plus permis de suivre à la lettre la loi primitive.

En huit siècles, Rome a conquis le monde. Mais son opulence devient une cause de faiblesse. L'esprit de calcul intervient pour restreindre la natalité. Contre cette tendance néfaste, Auguste essaie de réagir en édictant tout un ensemble de mesures coordonnées.

Sous la dynastie des Sévères, sous les Flaviens et les Antonins, diverses sectes philosophiques relèvent la condition de l'enfant et relâchent la sujétion qui le lie au *paterfamilias*. Dès le temps des persécutions, l'Église naissante, champion de tous les opprimés, prend la défense de l'enfant.

Devenu la religion officielle de l'Empire, le christianisme achève de désagréger les éléments de la famille et fait prévaloir la parenté naturelle sur la parenté civile ou agnatique. Entre le père et le fils, il ne subsiste plus désormais qu'un lien purement moral d'amour et de respect.

Aux étapes successives de la civilisation romaine, les problèmes relatifs à la protection de l'Enfant, à la propagation de l'Espèce, à l'avenir de la Race, reçoivent des solutions juridiques fort différentes.

La continence et la stérilité volontaire, l'avortement, l'infanticide, l'abandon des nouveau-nés, la castration, sont selon l'époque, approuvés par la loi, autorisés par elle, mais condamnés par l'opinion publique ou réprimés avec la dernière rigueur. En sorte que le même acte, licite sous les rois, parce qu'il découle de l'exercice d'un droit, est tenu pour répréhensible au nom de l'humanité et de la morale vers la fin de la République, et même qualifié délit ou crime sous les premiers empereurs chrétiens.

1re Période. — De la fondation de Rome à la fin de la République.

La loi primitive, qui n'est sans doute que la transcription de coutumes séculaires, autorise le *paterfamilias* à tuer ou à exposer ses enfants [1].

Ce droit exorbitant dérive de la constitution même de la famille romaine qui appartient au type patriarcal. L'*Urbs* n'est à l'origine qu'une sorte de camp retranché où les habitants de la plaine entassent le produit de leurs rapines, une place de sûreté où ils se retirent avec leurs troupeaux en cas d'alerte.

Le domaine de Rome, à l'aube des temps historiques, est avant tout rural. La propriété individuelle n'existe pour ainsi dire pas. La famille vit dans l'indivision ; le *paterfamilias*, véritable chef de clan, administre les biens de la communauté. En ses mains se concentrent les pouvoirs sacerdotal, civil et militaire.

« L'entrée du fils dans la famille était signalée par un acte religieux. Il fallait d'abord qu'il fût agréé par le père. Celui-ci, à titre de maître et de gardien viager du foyer, de représentant des ancêtres, devait prononcer si le nouveau venu était ou n'était pas de la famille. La naissance ne formait que le lien physique ; la déclaration du père constituait le lien moral et religieux. Cette formalité était également obligatoire à Rome, en Grèce et dans l'Inde.

« Il fallait de plus pour le fils... une sorte d'initiation. Elle avait lieu peu de temps après la naissance, le neuvième jour à Rome, le dixième en Grèce, dans l'Inde le dixième ou le douzième [2]... »

---

1. « Cum patrilex regia dederit in filium vitae necisque potestatem, ... » PAPINIEN, in *Mosaïc. et roman. collatio*, tit. IV, cap. 8, § 1.

2. F. DE COULANGES. — *Cité antique*, p. 54. — *Liberum repudire, negare*, c'est repousser le nouveau-né,

Quel que soit son âge, toute sa vie durant, le fils reste soumis à la puissance paternelle et il n'est pas exagéré de dire que, sur les fonds ruraux, il est à peu près assimilé au croît du bétail. Le *paterfamilias* peut le donner en adoption sans qu'il soit en son pouvoir de s'y opposer. Il a le droit d'en user comme d'un esclave, de l'astreindre à toutes les besognes, même les plus viles, de l'emprisonner, de le jeter dans son ergastule, de le vendre *trans Tiberim*, de lui infliger des châtiments corporels et de le mettre à mort. Il préside le tribunal domestique de sa *familia*, et comme tel ses décisions sont souveraines et sans appel[1].

---

refuser de le reconnaître; *liberum tollere*, *suscipere*, c'est l'admettre au foyer familial. La locution latine traduit fidèlement le geste du père qui élève l'enfant et le prend dans ses bras. La cérémonie de la purification (*lustratio*), qui avait pour but d'associer le nouveau-venu au culte domestique, consistait à le promener autour de l'autel et à lui donner son nom individuel ou *prænomen*.

Engendrer un descendant mâle, seul capable d'accomplir les cérémonies rituelles du culte domestique, était pour le *paterfamilias* un devoir social et religieux. Car, en procréant un fils, il assurait à la fois le repos des Ancêtres et la pérennité de la Famille. Si l'épouse meurt en couches, son fruit peut lui survivre et perpétuer la race. Aussi une loi attribuée à Numa Pompillius défend-elle d'enterrer une femme enceinte avant d'avoir extrait le fœtus qu'elle porte dans son sein. Agir autrement, dit le texte, c'est s'exposer à perdre à la fois et la mère et l'enfant à venir.

« Negat lex Regia mulierem quæ prægnans mortua sit humari, antequam partus ei excidatur. Qui contra fecerit, spem animantis cum gravida peremisse videtur. » E. Marcello, fr. 2, *Dig.*, XI, 8. — Cf. Schulting, *Not. ad Dig.*

1. « Romulus omnem potestatem in filium patri concessit, idque toto vitæ tempore, sive eum in carcerem conjicere, sive flagris cædere, sive vinctum ad rusticum

Cependant quelques dérogations fort anciennes apportaient un tempérament à ce pouvoir sans limite. Une loi de Numa décide que le père n'a plus le droit de vendre son fils s'il l'a autorisé à s'unir à une épouse qui participe à son culte et à ses biens[1].

Dans le premier état du droit, le lien de subordination qui rattachait le fils au *paterfamilias* était si fort qu'il ne pouvait être rompu. Le fils vendu par son père et affranchi par l'acheteur retombait sous la domination paternelle, et cela *in infinitum* et quel que soit le nombre des ventes dont ce fils avait été l'objet. La loi des XII Tables décide que le fils est irrévocablement émancipé et devient *sui juris*, lorsque trois ventes successives ont été suivies, chacune, d'une manumission[2].

Entourée de populations hostiles, la cité naissante a besoin de guerriers pour défendre le sol conquis et asseoir sa domination. Il lui faut aussi

---

opus detinere, sive occidere vellet;..... quin etiam filium vendere patri permisit...» DION. HALIC., *Antiq. roman.*, II, 26, 27. Conf. Mosaïc. et roman. legum collat., tit. IV, cap. 8.

1. « In legibus Numæ scriptum est : si pater permiserit filio uxorem ducere quæ ex legibus particeps sit et sacrorum et bonorum, patri posthac nullum jus esto vendendi filium. » DION. HALIC., *Antiq. roman.*, II, 27.

2. Apud Ulpian., *Fragm.*, tit. X, § 1 : « Filius quidem ter mancipatus, ter manumissus, sui juris fit; id enim lex duodecim Tabularum jubet his verbis : SI PATER FILIUM TER VENUMDUIT, FILIUS A PATRE LIBER ESTO. » — Conf. *Institut. Gaii Comment., Commentarius* I, § 132 et IV, 79.

des bras pour cultiver la terre. Plus les enfants seront nombreux, plus l'État aura de puissance.

En ces temps primitifs, la fécondité est une nécessité politique et le législateur l'encourage parce qu'elle est un élément de force.

L'enfant étant un bien inestimable, le mariage est un devoir civique auquel nul ne doit se soustraire et le célibat est un crime contre la patrie. Aussi une vieille loi de Rome obligeait-elle tous les citoyens en âge de se marier à prendre femme et à élever leurs enfants[1].

« *Ducere uxorem liberūm quærendorum causa* ». Telle était la formule sacramentelle qui était prononcée dans l'acte de mariage.

Conséquence logique, le divorce était de droit si l'épouse était stérile, puisque le mariage n'avait d'autre but que de procréer des enfants. « Carvilius Ruga, homme de grande famille, se sépara de sa femme par le divorce, parce qu'il ne pouvait pas avoir d'elle des enfants. Il l'aimait avec tendresse et n'avait qu'à se louer de sa conduite. Mais il sacrifia son amour à la religion du serment, parce qu'il avait juré (dans la formule du mariage) qu'il la prenait pour épouse afin d'avoir des enfants[2] ».

Dans l'Inde antique, le mariage est l'union de deux familles. Peu importe que les contractants soient en âge de procréer. L'un des époux peut

---

1. « Prisca Romanorum lex cogebat eos, qui per ætatem possent uxores ducere, et ut omnes liberos susceptos educarent necesse erat..... » DION. HALIC., *Antiq. roman.*, IX, 22. — CICÉRON (*De Legibus*, III, 3), parmi les lois dont il propose de doter la cité idéale, en énonce une qui interdit le célibat : « Censores..... cœlibes prohibento ».

2. AULU-GELLE, IV, 3.

être un enfant en bas âge; il peut même n'être pas encore conçu à l'époque de l'accord. Mais, en droit romain, les conditions physiologiques d'aptitude au mariage sont exigées à peine de nullité. Il faut que le mari soit pubère, que la femme soit nubile [1].

A l'origine cette aptitude au mariage se constatait en fait. Mais l'examen individuel fut de bonne heure écarté pour les filles et elles furent présumées nubiles à douze ans. Pour les garçons, la règle ancienne fut maintenue plus longtemps. L'examen du candidat au mariage paraît encore avoir été en usage pendant toute la durée de l'époque classique. Toutefois, les Proculiens avaient proposé d'adopter l'âge fixe de quatorze ans qui devint légal sous Justinien [2].

Autre conséquence du principe que le mariage a pour but de constituer une famille : l'union contractée par le castrat est frappée de nullité [3]. Toutefois, le mariage du *spado* est valable, sans doute à cause de l'impossibilité de constater en fait l'impuissance quand elle n'est pas le résultat d'une malformation apparente, congénitale ou acquise.

En principe, tous les enfants nés du mariage doivent être élevés (*ut omnes liberos susceptos educarent*, prescrit Romulus).

Mais diverses causes, telles que la rareté des subsistances, peuvent réduire le *paterfamilias* à

---

1. Ulpien, 5, 2 « ... tam masculus pubes quam femina potens sit ».

2. *Inst.*, 1, 10, *De nupt.*, *pr.* — *Cod. Just.*, 5, 60, *Quando cur.*, 3, constitution résumée aux *Inst.*, 1, 22, *Quid mod.*, *pr.*

3. *Dig.*, 23, 3, *De j. d.*, 39, 1.

la nécessité d'abandonner certains de ses enfants. A Rome, comme dans toutes les sociétés en voie de développement, la venue des enfants mâles est accueillie avec joie, car ils sont destinés à porter les armes et à conduire la charrue. En eux résident l'espoir et l'avenir de la cité. Quant aux filles dont le rôle primordial consiste à donner des enfants à la patrie, leur nombre peut être réduit sans mettre l'Etat en péril. Dans le cas où le chef de famille doit faire un choix parmi ses enfants, les mâles sont toujours préférés aux filles. La décision du législateur romain est conforme à cette loi sociologique. Romulus impose à chacun l'obligation d'élever sa descendance mâle tout entière et l'aînée de ses filles. Celui qui contrevenait à cette loi était condamné à verser au Trésor public la moitié de son patrimoine [1].

Par la même loi, Romulus fit défense de tuer les enfants âgés de moins de trois ans [2]. Il ne faudrait pas se méprendre sur le sens de cette disposition et la considérer comme une mesure tutélaire prise dans l'intérêt de l'enfant, car le législateur romain était, sans nul doute, peu accessible à la pitié. Son intention paraît être de s'opposer à une décision hâtive et irrévocable; après trois années d'observation, le *paterfamilias*

1. « Necessitatem autem cuique imposuit Romulus educandi omnem virilem prolem et e filiabus primogenitas..... » DION. HALIC., *Antiq. roman.*, II, 15. — Mommsen dénie à ce texte le caractère d'une loi. D'après lui, il s'agit d'une prescription religieuse avec fixation d'une amende pontificale (*Dr. pénal rom.*, II, pp. 332-333).

2. « Et vetuit ne ullum fœtum triennio minorem necarent.....» DION. HALIC., *Antiq. roman.*, II, 15.

a pu apprécier les qualités et les défauts de l'enfant et, s'il l'en juge digne, il peut l'admettre définitivement au nombre des membres de sa *gens*. Au surplus, un enfant élevé et nourri pendant trois ans représente un capital et le chef de famille n'a pas d'intérêt à s'en défaire à moins qu'il ne porte des tares évidentes. Enfin, même dans les sociétés barbares, quels parents auraient le courage de tuer un enfant auquel ils auraient donné des soins pendant plusieurs années?

Toutefois il n'y a pas lieu de différer la mise à mort de l'enfant, s'il présente dès sa naissance des mutilations ou des malformations. Ces monstres, ajoute Romulus, peuvent être exposés par leurs parents aussitôt après l'accouchement, mais à la condition que ceux-ci les soumettent à l'examen de cinq de leurs voisins les plus proches et que ceux-ci approuvent pleinement la décision du *paterfamilias*[1].

Pour venir en aide aux familles nombreuses, Tullus Hostilius, troisième roi romain, institua une véritable prime à la natalité : en cas de grossesse trigémellaire, les trois enfants, s'ils sont du sexe masculin, sont nourris aux frais du Trésor public jusqu'à la puberté[2].

---

1. « ... nisi infans aliquis mutilus aut prodigiosus statim in ipso partu editus fuisset. Istiusmodi vero monstrosos partus a parentibus exponi non vetuit, dummodo eos prius ostenderent quinque vicinis proximis, si et ipsi id comprobarent. ». DION. HALIC., *Antiq. roman.*, II, 15. — Les lieux d'exposition à Rome étaient le lac Vélabre au pied du mont Aventin, la colonne *Lactaria*, au marché aux herbes (Festus).

2. « ... si cui trigemini filii nascerentur, de publico alimenta ad pubertatem usque suppeditari. » Denys d'Halicarnasse, qui rapporte cette loi, encore en vigueur

L'avortement volontaire est une tare bien plus répandue dans les civilisations déjà sur leur déclin que dans les jeunes. On peut supposer qu'il fut presque inconnu à Rome pendant plusieurs siècles, car les lois royales et la loi des XII Tables n'en font aucune mention. Sans doute, seules quelques filles séduites avaient recours aux manœuvres abortives pour cacher leur faute.

L'enfant n'étant pas un fardeau onéreux mais une source de gain, pourquoi l'épouse se serait-elle soustraite à la maternité, elle qui, dans la Rome antique, comme dans toutes les sociétés primitives, était honorée en proportion du nombre des enfants qu'elle avait donnés à la patrie ?

Au surplus, la stérilité à cette époque était considérée comme ignominieuse et autorisait le divorce au profit de l'époux. C'était donc pour la femme une honte et une déchéance que de n'avoir pas d'enfants.

L'épouse qui se faisait avorter n'était passible d'aucun châtiment légal, car, aux yeux du législateur, cet acte répréhensible ne constituait ni un crime, ni un délit. Mais la suppression d'un enfant à venir était une faute en quelque sorte domestique et le mari avait le droit de chasser la femme indigne hors de la famille en la répudiant [1].

---

de son temps (1er siècle avant J.-C.), assure qu'elle fut portée pour honorer la mémoire immortelle des trois Horace (*Antiq. roman.*, III, 22 *bis*).

1. « Leges quoque Romulus nonnullas tulit, ex quibus illa dura est, quæ..... permittit..... marito illam repudiare..... veneficio sublatis liberis. » (PLUTARQ., *Romulus*,

Sous la République, l'avortement était devenu très commun. Plaute, qui peint sur le vif les mœurs de ses contemporains, nous laisse à penser que les matrones se livrant aux pratiques abortives étaient nombreuses de son temps.

Par des modifications graduelles, le vieux droit romain perdit sa rigueur primitive à l'égard de l'enfant. Sous la République, le père a encore le droit de tuer son fils coupable, mais cet acte de sévérité est tenu pour excessif et blâmé par l'opinion publique. Le fils de Scaurus avait embrassé le parti de Catilina, il se rendait au camp des conjurés, quand son père le fait arrêter en route et le met à mort [1]. Ce meurtre qui aurait été regardé par les vieux Romains comme un acte héroïque, n'était plus alors en harmonie avec les mœurs.

Non seulement le droit de vie et de mort concédé par la législation primitive au chef de famille n'est plus exercé et tombe en désuétude, mais le père est puni comme un meurtrier lorsqu'il a recours à des embûches pour faire périr son fils. Q. Fabius Maximus tua son fils, encore adolescent, avec la complicité de deux de ses esclaves auxquels il accorda la liberté pour prix de leur concours ; il fut assigné en justice sur l'accusation de Cn. Pompée et condamné comme criminel [2].

XXII). Le terme *veneficium* semble impliquer qu'à cette époque on avait recours à des breuvages et non pas à des manœuvres externes pour provoquer l'avortement.

1. Valer. Max., V, viii, 5.
2. *Pauli Orosii Historiarum*, lib. V, cap. xvi.

En principe, tout ce qui échoit au fils par dispositions entre vifs ou testamentaires, et même tout ce qu'il acquiert par son travail et son industrie revient de droit au *paterfamilias*. Car il est et demeure *alieni juris* et, comme tel, ne peut rien posséder en propre. Le père qui laisse un bien dans les mains de son fils n'en garde pas moins la propriété. A tout *moment* et sans *motif*, sans que son fils ait démérité, le père peut exiger la restitution de ce pécule. Auguste, peut-être César, porte une première atteinte à ce principe en faveur du fils de famille militaire. Parmi les biens composant son pécule, ceux qu'il a acquis à raison de sa situation de soldat sont soustraits au pouvoir de son père, et il peut en disposer à son gré [1]. Telle est l'origine du *Peculium castrense*.

Au cours des huit siècles qui se succèdent de Romulus à Auguste, des modifications introduites dans le vieux droit primitif ont progressivement amélioré le sort de l'enfant. Mais, bien avant dans l'histoire de Rome, les Familles se souvenaient encore du temps lointain où elles formaient autant de petits États autonomes régis, chacun, par sa loi propre. Quand elles furent réunies sous un chef commun, le pouvoir central édicta des lois d'intérêt public. Mais ces lois nouvelles n'eurent pas pour effet d'abroger les anciennes règles constitutives du statut familial. Etrangères et pour ainsi dire extrinsèques, leur pouvoir expirait au

1. Macer, D., h. t., 11.

seuil de la famille ; elles ne le franchissaient point et, dans sa *gens*, le *paterfamilias* restait l'arbitre souverain. De là, des antinomies et des contradictions, telles que le droit de vie et de mort laissé au chef de famille alors qu'une loi, certainement de date plus récente, lui enjoint d'élever toute sa descendance.

Subordonner l'intérêt de l'enfant à l'intérêt social sans tenir aucun compte de sa personnalité physique et morale, tel est le principe directeur qui a constamment prévalu pendant la première période de l'histoire de Rome ; telle est la ligne de conduite qui a été fidèlement observée par le législateur jusqu'à l'époque impériale.

Paris. — L. Maretheux, imprimeur, 1, rue Cassette. — 3894.

Paris. — L. MARETHEUX, imprimeur, 1, rue Cassette.

ÉTUDES MÉDICO-HISTORIQUES

De
la Protection de l'Enfant
chez les Romains

PAR

JEANSELME

Extrait de *La Presse Médicale* (N° 38, du 9 Juillet 1917).

PARIS
MASSON ET Cie, ÉDITEURS
LIBRAIRES DE L'ACADÉMIE DE MÉDECINE
120, BOULEVARD SAINT-GERMAIN, 120

1917

ÉTUDES MÉDICO-HISTORIQUES

De la Protection de l'Enfant chez les Romains

PAR

JEANSELME

Extrait de *La Presse Médicale* (N° 38, du 9 Juillet 1917).

PARIS
MASSON ET Cie, ÉDITEURS
LIBRAIRES DE L'ACADÉMIE DE MÉDECINE
120, BOULEVARD SAINT-GERMAIN, 120

1917

ÉTUDES MÉDICO-HISTORIQUES

DE LA PROTECTION DE L'ENFANT CHEZ LES ROMAINS

IIe Période. — Le problème de la Dépopulation au siècle d'Auguste.

Après la seconde guerre punique, un souci dont notre époque n'est pas exempte préoccupait les hommes qui présidaient aux destinées de la République. Une lutte poursuivie sans relâche pendant dix-sept ans avait anéanti la fleur de la jeunesse romaine. L'Italie, ravagée par les troupes d'Annibal, était déserte. Rome victorieuse allait-elle succomber, faute de fils pour la défendre, sous le flot des nations voisines moins valeureuses, mais supérieures en nombre?

Les discordes civiles, les proscriptions, le relâchement des mœurs aggravèrent le mal. Cependant les censeurs continuaient à faire leur devoir. Armés de l'antique loi de Romulus, ils gourmandaient les célibataires endurcis, les exhortaient au mariage et condamnaient à l'amende les récalcitrants. Valère-Maxime fait tenir aux censeurs Camille et Postumius ce langage sévère : « La nature, en vous donnant l'être, vous fait une loi de le communiquer à d'autres. Vos parents, en prenant soin de vous élever, vous ont imposé une obligation que l'honneur vous commande de remplir, celle d'élever comme eux une postérité.

La fortune même vous a laissé un assez long espace de temps pour vaquer à l'accomplissement de ce devoir, et vous avez passé vos jours, étrangers à la condition d'époux et de pères! Allez donc, dénouez vos bourses, et rendez-les profitables à une nombreuse famille [1]. » Métellus le Numidique, qui fut censeur au temps de la rivalité entre Marius et Sylla, posait aux réfractaires ce dilemme : « Puisque la nature a voulu qu'on ne pût vivre tranquillement avec une femme, ni vivre sans femme, occupons-nous plutôt de la perpétuité de notre nation que du bonheur d'une vie si courte [2]. »

Mais cette rhétorique vieillie était sans effet. L'autorité morale de la Censure avait baissé. L'opinion publique était devenue plus tolérante ou, pour mieux dire, plus indifférente. L'homme qui vivait dans le célibat n'était plus noté d'infamie, la femme sans enfant n'était plus un objet de mépris et le mal empirait. Il résulte du cens fait par César, après la guerre civile, que le nombre des citoyens chefs de famille n'était alors que de 150.000 [3].

---

1. Valer.-Max., lib. II, cap. 9. — Camille et Postumius ayant été censeurs en l'an de Rome 301, cette harangue, dont l'authenticité est discutable, aurait été prononcée bien avant la seconde guerre punique.

2. Aul.-Gel., lib. I, cap. 6. — Métellus prêchait d'exemple : il eut quatre fils, deux filles et onze petits-enfants.

3. Florus, Epitome de Tite-Live, douzième décade. — Sous Servius Tullius le cens avait donné 190.000 à 194.000 citoyens. Trente-quatre ans après la bataille de Zama, lors du triomphe de Paul-Emile (576 ab. U. c.), le nombre des citoyens inscrits sur le registre du cens fut de 312.085. Avant les guerres civiles, l'an de Rome 667, le résultat du cens accusa de 464.000 à 473.000 citoyens.

***

Très rares durant les cinq premiers siècles, les divorces se multiplièrent vers la fin de la République. Sans égard pour les enfants, par pur caprice, par ambition ou par calcul, un mariage est rompu et, aussitôt le délai de viduité passé ou même sans l'attendre, la femme s'engage dans de nouveaux liens aussi fragiles que les premiers. « Quelle femme, dit Sénèque, rougit à présent du divorce, depuis que certaines dames illustres et de noble race ne datent plus leurs années par le nombre des consuls, mais par celui de leurs maris? Elles quittent un époux afin d'en prendre un autre; elles se marient afin de divorcer[1]. » Q. Lucretius Vespillo, faisant l'oraison funèbre de Turia qui vécut en bons termes avec son mari jusqu'à l'âge de 41 ans, s'écrie : « Ils sont rares les mariages d'aussi longue durée qui se terminent par la mort et non par le divorce[2]. »

Quel est le sort des enfants nés de ces unions éphémères? confiés à des esclaves, à des affran-

---

1. Sen., De benef., III, xvi.

2. Q. L. Vespillo, I, 27, Laud-Turiæ. — L. Lucullus, consul en l'an de Rome 680, divorça deux fois pour adultère de ses deux épouses. Pompée répudia sa troisième femme Mucia, Caton d'Utique sa première épouse Atilia. — Paul-Emile se sépara de Papiria, mère de Scipion, après une longue union et sans motif connu. C'est aussi sans raison plausible que Cicéron rompit avec ses deux épouses. — Ovide et Pline le jeune se marièrent trois fois, César et Antoine quatre fois, Sylla et Pompée cinq fois; Tullia, la fille de Cicéron, trois fois. (Marquardt, *Vie privée des Romains*, I, p. 85 et 399.)

chis, où puiseront-ils les principes de la religion du foyer et le désir de constituer une famille, eux qui n'ont pas vu leurs parents se pencher sur leur berceau, qui n'ont pas connu dans leurs jeunes années la main secourable d'un père écartant les obstacles semés sous leurs pas dans les chemins de la vie ?

Telle était la situation morale du peuple romain après le triumvirat. Les philosophes, les rhéteurs déploraient cette faillite de la famille, et ils développaient volontiers en d'éloquentes périodes ce thème si favorable à l'amplification déclamatoire.

Quelques hommes d'action, doués d'un sens politique profond, ne se contentèrent pas de dénoncer le péril, ils s'efforcèrent de le conjurer par des mesures effectives. Cette réforme ne fut pas l'œuvre d'un jour. Entreprise par César, elle fut poursuivie avec une ténacité inlassable par Auguste et parachevée par ses successeurs. César lui-même eut des précurseurs, car Scipion mentionne déjà les primes décernées aux pères de famille (*præmia patrum*) dans son discours *de moribus* (612 ab U. c.). On ignore quels avantages conférait à l'origine le privilège de la paternité. Tout ce que l'on sait, c'est que les affranchis (*libertini*) qui avaient un fils de 5 ans ou au-dessus jouissaient déjà en 589 du privilège politique d'être inscrits au cens dans les tribus rustiques.

Les Romains ne tardèrent point à discerner les mobiles qui peuvent inciter les hommes à se marier et à se reproduire. En cela, ils se montrèrent profonds psychologues et bons législateurs. Ces mobiles sont : la vanité, l'ambition, la passion du lucre et l'amour de l'indépendance.

César mit en jeu tous ces ressorts des actions humaines. Il défendit aux femmes, âgées de moins de 45 ans, qui n'avaient ni mari, ni enfants, de porter des pierreries et de se servir de litières [1] : « méthode excellente, selon la remarque de Montesquieu, d'attaquer le célibat par la vanité [2] ». Parmi les magistrats appelés à gouverner des provinces, il donna le privilège du choix à celui d'entre eux qui avait le plus d'enfants. Toujours en vue d'accroître la natalité, César accorda des récompenses aux chefs des nombreuses familles [3]. Par sa loi Agraire (695), il proposa d'attribuer le territoire si fertile de Capoue et de Stelatta à 20.000 citoyens, pères d'au moins trois enfants.

Auguste suivit l'exemple de César. « Quand il inspectait les quartiers de Rome, il donnait aux plébéiens qui avaient des fils ou des filles, mille sesterces par tête d'enfant [4]. » Il fit souvent des dons pécuniaires (*congiaria*) au peuple. « Il n'oubliait pas même les plus jeunes enfants, bien que, jusqu'alors, on n'eût coutume de comprendre dans ces libéralités que ceux qui étaient âgés de plus de 11 ans [5]. »

---

1. Eusèbe, dans sa *Chronique*, d'après Montesquieu, *Espr. des lois*, liv. XXIII, ch. xxi.
2. Montesquieu, *Ibid.*
3. Dion, XLIII. — Suét., *César*. — Appien, *De la guerre civile*, liv. II.
4. Suét., *Auguste*, 46.
5. Suét., *Auguste*, 41.

Par une disposition de l'année 727, il décida que les gouverneurs de provinces seraient relevés de leurs fonctions après un an d'exercice à moins qu'ils n'eussent le privilège des hommes mariés et ayant plusieurs enfants[1]. Dion Cassius nous apprend qu'il infligea le blâme le plus sévère aux hommes et aux femmes non mariés, et en revanche qu'il encouragea par l'octroi de récompenses le mariage et la procréation des enfants[2].

Auguste fit plus. Aux dispositions antérieures prises en vue d'accroître la natalité, il en ajouta de nouvelles, conçues dans le même esprit, mais qui eurent une portée bien plus large. Successivement, il porta les lois *Julia de maritandis ordinibus* (736 ou 757) et *Papia Poppæa* (763)[3]. Elles constituent « proprement un code de lois et un corps systématique de tous les règlements qu'on pouvait faire sur ce sujet. On y refondit les lois Juliennes, et on leur donna plus de force : elles ont tant de vues, elles influent sur tant de choses, qu'elles forment la plus belle partie des lois civiles des Romains[4]. »

---

1. Πλὴν εἴ τῳ πολυπαιδίας ἢ γάμου πρόνομία προσείη. Dion, 53, 13, 2.

2. Τοῖς τε ἀγάμοις καὶ ταῖς ἀνάνδροις βαρύτερα τὰ ἐπιτίμια ἐπέταξε καὶ ἔμπαλιν τοῦτε γάμου καὶ τῆς παιδοποιΐας ἆθλα ἔθηκεν, Dion, 54, 16.

3. Par un effet du hasard, dit Dion Cassius (*Hist. rom.*, LVI, 10), M. Papius Mutilus et Q. Poppaeus Secundus, sous le consulat desquels la loi de 762 fut portée, n'avaient pas d'enfants. Ils n'étaient même pas mariés, ce qui fit comprendre la nécessité de cette loi.

4. Montesquieu, *Esp. des lois*, liv. XXIII, ch. xvi. — Dans son testament politique, Auguste fait allusion à cette œuvre législative : « Par de nouvelles lois, dit-il, j'ai rétabli les coutumes des Ancêtres tombées en désué-

Les lois matrimoniales d'Auguste ne pouvaient produire leur plein effet que si le mariage entre personnes de classes différentes était autorisé. A l'origine l'union des plébéiens avec les patriciens était interdite. Cette prohibition, maintenue par la loi des XII Tables, fut abrogée par la loi Canuleia en l'an de Rome 309 (Tite-Live, 4, 1, 6), mais l'ancien esclave libéré ne pouvait contracter mariage avec une femme libre. La loi *de maritandis ordinibus* fait tomber cette barrière. Sauf quelques exceptions, elle autorise les unions entre ingénus [1] et affranchis [2].

Toutefois, pour des raisons d'ordre public, le législateur apporte quelques restrictions à cette règle. Il défend aux ingénus d'épouser une femme de mauvaise vie, condamnée pour crime ou adultère, ou se livrant à l'art théâtral [3]. Encore cette

---

tude, et par mes édits, j'ai offert en exemples les actes de nos aïeux dignes d'être imités et déjà presque effacés de notre mémoire. » (Legibus novis latis exempla majorum exolescentia revocavi et fugientia jam ex nostra memoria avitarum rerum exempla imitanda edictis meis proposui.) *Monum. Ancyr.*, 2, lin. 12.

1. Les ingénus sont ceux qui sont nés libres et n'ont jamais cessé de l'être.

2. « Omnibus ingenuis, præter senatores eorumque liberos, libertinam uxorem habere licet. » *Dig.*, *de rit. nupt.*, 2, 23.

3. « Ingenuos eam, QUÆ PALAM QUÆSTUM CORPORE FACIT, FECERIT, LENAM, A LENONE LENAVE MANUMISSAM, JUDICIO PUBLICO DAMNATAM, AUT IN ADULTERIO DEPREHENSAM, ET EAM QUÆ ARTEM LUDICRAM FECERIT, uxorem habere non licet. » D'après le Nov. Enchiridion de Giraud, Paris, 1873, p. 28.

femme que la loi lui interdit d'épouser en justes noces, les ingénus peuvent la prendre comme concubine [1].

Seuls sont exclus du bénéfice de la loi *de maritandis ordinibus* les membres de la classe sénatoriale, à savoir les sénateurs et leurs descendants agnatiques jusqu'au troisième degré [2].

Par préjugé, par avarice, un père peut maintenir ses enfants dans le célibat contre leur gré. La loi *Julia* (cap. xxxv) contraint les parents non seulement à les marier, mais aussi à les doter. Et le texte a le soin d'ajouter : est considéré comme apportant une entrave au mariage de ses enfants

---

1. « Lege Papia cavetur omnibus ingenuis, prætor senatores eorumque liberos, libertinam uxorem habere licere. » Celsus, in Dig., XXIII, 2, 23. — Il est même permis de faire d'une ingénue de bonnes mœurs sa concubine, mais à la condition de déclarer qu'elle est prise comme telle et non comme épouse légitime : « Ingenuas autem concubinas habere *sine testatione* licitum non est. » Dig., XXV, 7, 3. Le concubinat romain, considéré par les uns comme un mariage inférieur, comme une sorte d'union morganatique, par d'autres comme une simple liaison de fait, n'élève pas la femme au rang d'épouse. Les enfants nés de cette union, sans être assimilés aux *spurii, vulgo concepti*, fruit d'une rencontre isolée, sont *liberi naturales*. Leur statut personnel est régi, non par le droit quiritaire, mais par le droit naturel qui a pour base la parenté maternelle. Aucun lien civil ou agnatique ne les rattache à leur père. Ils suivent donc la condition de leur mère dont ils prennent le nom. Pour tous ces motifs, il est nécessaire que la nature de cette union soit nettement établie par la déclaration. Sans elle, les présomptions seraient en faveur des justes noces.

2. « Qui senator est, quive filius neposve ex filio, pronepos ve ex filio nato, cujus eorum est, erit, ne quis eorum sponsam uxoremve sciens dolo malo habeto libertinam... »

celui qui ne cherche pas un parti pour les établir [1].

Pour procurer à leurs enfants les avantages attachés à la situation d'homme ou de femme mariée, des parents prolongeaient indéfiniment le temps des fiançailles. Auguste fait cesser cet abus en décidant que le mariage ne pourra pas être différé plus de deux ans, comptés à partir du jour de la promesse. Comme une fille n'était nubile qu'à douze ans, elle ne pouvait être fiancée et jouir des privilèges concédés par la loi qu'à l'âge de dix ans révolus [2].

Pendant toute la durée de la vie sexuelle, qui s'étend de 25 à 60 ans pour l'homme, de 20 à 50 ans pour la femme, le célibat ou le veuvage est interdit [3]. D'après le sénatus-consulte Pernicien, les personnes qui n'ont pas satisfait, en temps voulu, aux prescriptions légales, bien qu'elles soient libérés par leur âge de l'obligation de se marier, n'en continuent pas moins à être frappées des déchéances des lois caducaires [4]. La loi *Julia*

1. « Qui liberos, quos habent in potestate, injuria PROHIBUERINT ducere uxores, vel nubere... coguntur in matrimonium collocare... Prohibere autem videtur, et qui conditionem non quærit. » Capite XXXV legis Juliæ. Dig., XXIII, 2, 19.

2. « Comme quelques-uns se fiançaient à des enfants pour recueillir les avantages des hommes mariés sans en remplir les devoirs, il ordonna que nulles fiançailles n'auraient de force qui, au bout de deux ans, n'auraient pas été suivies du mariage. » DION, liv. LIV, ch. XVI.

3. Ulp. Regul , tit. XVI, 1.

4. Ulp. Regul., tit. XVI, 3 : « Qui intra sexagesimum, vel quæ intra quinquagesimum annum neutri legi paruerit, licet ipsis legibus post hanc ætatem liberatus esset, perpetuis tamen poenis tenetur ex senatusconsulto Persiciano. »

accorde à la veuve un délai de viduité d'une année, l'épouse divorcée doit contracter un nouveau mariage dans les six mois. La loi *Papia* porte la durée du veuvage à deux ans, et le temps pendant lequel une femme divorcée peut rester en dehors des liens du mariage à un an et demi[1].

Ceux qui sont absents pour le service de l'État ont une exemption légale pendant toute la durée de leur absence et l'année qui suit. Quant à ceux qui s'absentent pour des motifs d'intérêt personnel, ils n'échappent pas aux sanctions de la loi[2].

Si le *de cujus* impose à son héritier ou à son légataire la condition de rester célibataire ou veuf, cette clause est réputée nulle, et le bénéficiaire n'en recueille pas moins l'héritage ou le legs[3].

Le mariage n'est utile que s'il est prolifique. Les lois matrimoniales contrarieront donc les unions qui ne peuvent être fécondes. En général, la ménopause s'établit avant la cinquantaine, de sorte que, passé cet âge, une femme est presque toujours stérile. Aussi Auguste décida-t-il qu'un homme de 60 ans ne peut épouser une femme de 50 sans encourir les déchéances légales.

Tibère étendit les sanctions des lois caducaires

---

1. Ulp. fragm., tit. XIV : « Feminis lex Julia a morte viri anni tribuit vacationem, a divortio sex mensum; lex autem Papia a morte viri biennii, a repudio anni et sex mensum. »

2. Fr. 36 et 38 *Dig.*, *Ex quib. causis major. in int. rest.*, 4, 6.

3. Fr. 63, 64, 74, 79, *Dig.*, *De cond. et demonstr.*, 35, 1.

à l'homme de 60 ans qui s'unit à une femme en ayant moins de 50. Mais Claude abrogea[1], avec juste raison, cette disposition contraire aux lois physiologiques. D'après le S. C. Claudien (52 ap. J.-C.), si un homme de 60 ans s'unit à une femme en ayant moins de 50, la loi le considère comme s'il s'était marié avant 60 ans. Peu importe, en effet, l'âge de l'homme puisqu'il peut se reproduire jusqu'aux limites extrêmes de la vieillesse. L'union d'un sexagénaire avec une femme encore apte à la génération est donc conforme aux vues du législateur et doit être autorisée[2]. Par contre, si une quinquagénaire se marie avec un homme de moins de 50 ans, l'union sera certainement stérile, aussi le S. C. Calvitien (rendu sous Claude ou Néron) déclare-t-il qu'un tel mariage est mal assorti (*impar*, litt. inégal) et les époux subissent les déchéances des lois caducaires[3].

Ainsi donc, à moins d'une faveur spéciale concédée par l'empereur, une femme ayant passé 50 ans ne pouvait, en aucun cas, contracter mariage, sans encourir les rigueurs des lois caducaires.

Pour mener à bien une réforme si contraire

---

1. Suét., *Claude*, ch. XXIII.
2. Ulp. Regul., tit. XVI, 4 : « ..... Claudiano senatusconsulto major sexagenario, si minorem quinquagenaria duxerit, perinde haberi jubetur, ac si minor sexaginta annorum duxisset uxorem. »
3. Ulp. Regul., *Ibid.* : « Quod si major quinquagenaria minori sexagenario nupserit, impar matrimonium appellatur et senatusconsulto Calvitiano jubetur non proficere ad capiendas hereditates et legata aut dotem... »

aux idées du temps, la législation matrimoniale d'Auguste confère des prérogatives, des privilèges, des immunités aux hommes et aux femmes mariés qui ont le nombre d'enfants exigés par la loi; elle inflige des sanctions, des déchéances et des incapacités légales à ceux qui n'ont point satisfait à ses prescriptions.

Comme César, Auguste flatte la vanité de ses contemporains. En vertu du droit des maris (*jus maritum*), une place particulière était réservée au théâtre à tout homme marié [1]. Mais celui-ci ne pouvait se prévaloir de cet honneur que s'il n'était pas évincé par des époux ayant des enfants ou en ayant un plus grand nombre. Une incapacité générale d'assister aux jeux publics frappait les personnes qui n'avaient point satisfait aux prescriptions de la loi matrimoniale de 736 [2]. Des deux consuls, celui qui avait le plus d'enfants vivants sous sa puissance ou morts à la guerre avait le droit de prendre le premier les faisceaux [3].

Enfin la femme de condition libre, mère de 3 enfants, pouvait prétendre à certains honneurs, tels que le droit de revêtir la *stola*, robe des patriciennes (*jus stolæ*) [4].

C'était là des prérogatives plutôt que des avantages réels. Des privilèges bien plus importants

1. SUÉT., *Auguste*, XLIV.

2. Un S. C. du 23 Mai 737 autorise, par dérogation, les personnes qui *lege de maritandis ordinibus tenentur* à assister aux jeux séculaires.

3. Lex Julia *de fascibus sumendis*. D'après Aulu-Gelle, liv. II, ch. xv.

4. Epitome de Festus, 125, 15, vocabulo *Matronæ* : « Matronas appellabant eas fere quibus stolas habendi jus erat. » Ce droit fut confirmé probablement par la loi *Julia sumptuaria* de 736.

étaient concédés aux pères de famille qui aspiraient aux charges publiques. Ils pouvaient être candidats avant l'âge légal et chaque enfant leur donnait dispense d'une année [1]. Le droit de priorité pour le choix des provinces fut laissé, comme par le passé, au fonctionnaire qui avait le plus d'enfants [2]. Le sénateur qui était le plus chargé de famille était inscrit en tête du registre des Pères conscrits et il était appelé, le premier, à donner son avis. Dans une corporation, le décurion dont le nombre d'enfants était le plus considérable émet son avis avant tous les autres, et il avait droit de préséance sur ses collègues [3].

Ces prérogatives, ces privilèges n'étaient recherchés que par un petit nombre de citoyens. Ils n'étaient pas accessibles, pour la plupart, aux femmes et aux hommes de la plèbe qui ne pouvaient briguer les honneurs. Il fallait intéresser à l'œuvre de reproduction le peuple romain tout entier sans distinction de sexe ni de rang.

Auguste s'efforça d'atteindre ce but par un système compliqué de primes au mariage et à la natalité, et par une série de sanctions graduées frappant ceux ou celles qui avaient con-

---

1. Aux candidats « singuli anni per singulos liberos mittuntur ». — Tacite, Ann., liv. II, LI : « Ut numerus liberorum in candidatis præpolleret, quod lex jubebat ».
2. Tacite, Ann., lib. XV, XIX.
3. Dig., L, II, 6, 5 : « ... qui plures liberos habet, in suo collegio primus sententiam rogatur ceterosque honoris ordine præcellit ».

trevenu aux injonctions des lois matrimoniales.

Il serait fastidieux d'exposer par le menu toutes ces dispositions juridiques. Je n'indiquerai donc que les grandes lignes de la réforme. Parmi les privilèges octroyés à ceux qui étaient en règle avec la loi, le plus important était le droit de recueillir les successions qui leur étaient transmises par hérédité *testamentaire* ou legs[1].

Les *præmia patrum* (récompenses attachées à la paternité) donnent à l'homme marié la *solidi capacitas*, c'est-à-dire le *jus capiendi* sans réduction pourvu qu'il ait un seul enfant vivant (*superstes, incolumis*) au moment où il est appelé à recueillir une succession.

Les hommes mariés, sans enfants (*orbi*), sont frappés d'une incapacité de moitié ; les hommes veufs ou divorcés ayant des enfants (*patres solitarii*) étaient sans doute placés sous le même régime que les *orbi*.

Quant aux femmes, pour avoir la *solidi capacitas*, elles devaient avoir le *jus liberorum*. Celui-ci appartenait aux mères de condition libre (*ingenuæ*) ayant trois enfants, aux affranchies (*libertinæ*) en ayant quatre. Il leur suffisait, pour qu'elles acquissent le *jus liberorum*, d'avoir mis au monde ces enfants vivants et à terme. Ils pouvaient n'être plus au moment où la succession s'ouvrait, mais les grossesses terminées par un avortement ou par l'expulsion prématurée d'un enfant non

---

1. Bien que les successions *testamentaires* fussent seules visées par les lois matrimoniales d'Auguste, la portée de celles-ci restait presque entière, car à cette époque, les successions *ab intestat* étaient fort rares. Mourir sans avoir fait son testament était presque un déshonneur.

viable n'entraient pas en compte [1]. Les femmes mariées sans enfants (*orbæ*), celles qui n'ont pas le nombre d'enfants requis par la loi ne peuvent prélever sur la succession que la moitié de leur part. Les célibataires de l'un et l'autre sexe, en âge d'être mariés, sont frappés d'une incapacité totale de recueillir les biens qui leur sont dévolus, si ce n'est d'un cognat ou d'un allié, à moins qu'ils ne satisfassent à la loi dans les cent jours [2].

Tout ce qui précède a trait aux successions et aux legs entre personnes qui ne sont pas unies par les liens du sang ou de l'affinité.

D'après le droit quiritaire, la mère ne peut hériter de ses enfants. Le S. C. Tertullien, porté sous le règne d'Hadrien, fait échec à ce principe en faveur de la femme qui possède le *jus liberorum*. Il lui accorde le droit à la succession légitime de ses enfants morts *sui juris* sans postérité [3].

1. J. Pauli Sent., lib. IV, tit. IX, ad Senatusconsultum Tertullianum : « Matres tam ingenuæ quam libertinæ cives romanæ, ut jus liberorum consecutæ videantur, ter et quater peperisse sufficiet, dummodo vivos et pleni temporis pariant..... Aborsus vel abactus venter partum efficere non videtur .»

2. Ulp. Regul., tit. XVII, 1 : « quod quis sibi testamento relictum... aliqua ex causa non ceperit, caducum appelatur, veluti ceciderit ab eo : verbi gratia si coelibi ... legatum fuerit, nec intra dies centum ... coelibi legi paruerit... ». Les cohéritiers *patres* et, à défaut de ceux-ci, les légataires *patres* avaient le droit de revendiquer les parts caduques à titre de *præmia patrum*. — Les lois caducaires ont été étendues, en ce qui concerne la capacité de recevoir, aux donations à cause de mort.

3. Inst. Just., III, 3, 2 : « Ut mater ingenua trium liberorum jus habens, libertina quatuor, ad bona filiorum filiarumve admittatur intestatorum mortuorum... »

En ce qui concerne les époux, alors même qu'ils n'ont pas le nombre d'enfants exigés par la loi, ils possèdent la *solidi capacitas* à l'égard l'un de l'autre, si, par leur âge, ils sont en deçà ou au delà de la période pendant laquelle ils sont astreints à vivre en état de mariage [1].

Les époux peuvent se léguer réciproquement leurs biens, sans que leurs libéralités soient sujettes à réduction : 1° s'ils ont un enfant issu de leur mariage ; 2° s'ils ont perdu un fils de 14 ou une fille de 12 ans ; 3° s'ils ont perdu 2 enfants de 3 mois ou 3 enfants âgés de plus de 9 jours ; en sorte qu'un seul impubère d'un âge quelconque, perdu dans l'espace de dix-huit mois, assure le *jus capiendi solidi*. En outre, la femme enceinte de son mari, si elle accouche dans les dix mois qui suivent le décès de celle-ci, a le droit de recueillir tout ce que le défunt lui a légué [2].

En dehors des cas sus-mentionnés, le mari et la femme ne pouvaient recevoir l'un de l'autre plus du dixième, en capital, auquel s'ajoutait un dixième par enfant mort après le neuvième jour ou né d'un autre mariage (d'où le nom de *lex decimaria*) et d'un tiers en usufruit [3].

Outre la *solidi capacitas*, le *jus liberorum* procu-

1. Ulp. Regul., XVI, 1 : « Vir et uxor inter se solidum capere possunt, velut si uterque vel alteruter eorum nondum ejus ætatis sint, a qua lex liberos exigit, id est, si aut vir minor annorum XXV sit, aut uxor annorum XX minor ; item si utrique lege Papia finitos annos in matrimonio excesserint, id est vir LX annos, uxor L... »
2. Ulp. Regul., XVI, 1.
3. Ulp. Regul., XV, 1, 2, 3.

rait de nombreux avantages, variables suivant le sexe et la condition du bénéficiaire.

Le citoyen, père de trois enfants, peut réclamer les parts caduques de ses cohéritiers ou colégataires qui n'ont pas le *jus capiendi*[1].

L'affranchi qui a une fortune de 100.000 sesterces peut, s'il est père de 3 enfants, leur laisser tous ses biens à l'exclusion de son patron. Ce principe fut établi par la loi Papia. S'il n'a que deux héritiers, le patron peut prélever un tiers de la succession. Si l'affranchi ne laisse pour unique héritier qu'un fils ou une fille, le patron recueille la moitié de la succession, comme dans le cas où le testateur décède sans enfant[2].

Le citoyen romain, père de 3 enfants, est déchargé des fonctions de juge (*munus judicandi*)[3]. Plus tard, les constitutions impériales l'exemptèrent des charges personnelles (*munera personarum*)[4].

Souvent le maître, pour prix de la liberté, exigeait de son esclave la promesse de certains services ayant un caractère industriel et pécuniaire (*operæ fabriles, artificiales*) et même des redevances en argent ou en nature. Les lois Julia

1. Ce droit d'accroissement a toujours été refusé aux femmes.

2. Gaii Comment., III, 42 : « Cum unum filium unamve filiam heredem reliquerit libertus, perinde pars dimidia patrono debetur, ac si sine ullo filio filiave testatus moreretur : cum vero duos duasve heredes reliquerit, tertia pars debetur : si tres relinquat, repellitur patronus. »

3. Ulp. Regul. vatican., 197.

4. Telles que la tutelle, la curatelle, la *cura annonæ*, *prædiorum publicorum*, etc. — Par décision exceptionnelle, Pertinax, en 193 de notre ère, dispensa de tous les *munera* un père de seize enfants.

et Papia exemptent des *opera, munera, dona*, l'affranchi qui a 2 enfants en sa puissance.

D'après le jurisconsulte Atéius Capiton, mort en 22 après J.-C., le citoyen, père de 3 enfants, avait le droit de repousser la demande du grand pontife qui réclamait sa fille pour le culte de Vesta.

Enfin il est présumable que le veuf ou divorcé, père de 3 enfants, était dispensé de l'obligation de se remarier, comme ayant pleinement satisfait aux exigences de la loi.

La femme de condition libre ayant le *jus liberorum* pouvait, contrairement aux prescriptions de la loi Voconia [1], être instituée héritière, même par un citoyen dont la fortune était supérieure à 100.000 as.

La patronne ou la fille du patron acquiert par le *jus liberorum* le droit de prélever sur la succession de l'affranchi une part qui, dans certain cas, peut égaler la moitié des biens [2].

Mais, de toutes les exemptions attachées au *jus liberorum*, les plus importantes étaient la libération de la tutelle [3] à laquelle la femme ingénue était astreinte toute sa vie durant et la liberté de tester [4].

1. Dio Cass., LVI, 10.
2. Gaii Comment., III, 42.
3. Gaii Comment., I, 144, 145 : « Veteres enim voluerunt feminas, etiam si perfectæ ætatis sint, propter animi levitatem in tutela esse ... tantum enim ex lege Julia et Papia Poppæa jure liberorum a tutela liberantur feminæ. » — Gaii Comment., I, 294 : « Tutela autem liberantur ingenuæ quidem trium liberorum jure, libertinæ vero quatuor, si in patroni liberorumve ejus tutela sint. »
4. « Testamentum facere possunt .... feminæ post duodecimum [annum], sed non habentes jus liberorum tutore auctore. » Jul. Paul. Sent., III, IV, A, 1.

Parmi les primes à la fécondité, figure le droit de cité :

Le Latin Junien marié à une Romaine ou à une Latine, s'il prouve que de cette union est né un fils âgé d'un an (*annuculus*), peut obtenir le droit de cité pour lui et les siens, en vertu d'une disposition de la loi Ælia Senta (757), généralisée par le S. C. Pégasien, vers Vespasien[1].

La femme latine qui accouche trois fois acquiert le droit de cité.

Cette législation tracassière, qui violente l'instinct, qui transforme l'homme en étalon, la femme en animal reproducteur, qui attente au droit le plus sacré, celui de disposer librement de sa personne à son heure et à sa guise, parut aux citoyens particulièrement odieuse. En cette matière, toute contrainte est intolérable, et l'on a peine à comprendre comment les Romains ont supporté le joug de ces lois tyranniques pendant cinq siècles.

Il fallut toute l'autorité morale et effective attachée à la personne d'Auguste pour faire accepter cette réforme impopulaire. Encore les citoyens ne s'y soumirent-ils qu'avec beaucoup de répugnance et son application souleva de véhémentes protestations.

Trente-quatre ans après la promulgation de la première loi (727), comme les chevaliers en demandaient l'abrogation avec instance, Auguste fit assembler séparément dans le Forum d'un côté ceux d'entre eux qui n'étaient pas mariés, de l'au-

1. Gaii Comment, I, 28-31.

tre ceux qui l'étaient et qui avaient des enfants. Voyant alors que le nombre de ces derniers était bien inférieur, il en fut affligé et leur tint ce langage :

« Votre nombre si petit, quand on songe à la majesté de cette ville, si inférieur par rapport à ceux qui ne veulent s'acquitter d'aucun de leurs devoirs, m'est une raison de vous louer davantage et de vous témoigner une profonde reconnaissance pour avoir obéi à mes prescriptions et peuplé la patrie de citoyens... Vous avez raison de suivre l'exemple de vos pères... N'est-ce pas, en effet, le meilleur des biens, qu'une épouse sage ?... N'est-ce pas une douce chose de soulever dans ses bras, de nourrir et d'instruire un enfant qui, né de l'un et de l'autre, reproduit l'image de votre corps, l'image de votre âme, de sorte qu'on voit croître en lui un autre soi-même ?

« Quant à l'État... n'est-il pas nécessaire... qu'il y ait beaucoup de monde, dans la paix, pour travailler la terre, pour se livrer au commerce maritime, pour cultiver et les arts,... les métiers ; dans la guerre,... pour remplacer par d'autres les soldats qui ont péri ? Aussi, hommes (seuls, en effet, vous êtes justement appelés hommes), pères (vous méritez ce nom à l'égal de moi), j'ai pour vous de l'amour et des éloges... »

Après avoir distribué ou promis des récompenses aux citoyens qui avaient bien mérité de la patrie, Auguste se dirigea vers le groupe des célibataires :

« J'éprouve, dit-il, un embarras étrange vis-à-vis de vous, que je ne sais de quel nom appeler. Hommes ? Vous ne faites aucune œuvre d'hommes. Citoyens ? Autant qu'il est en vous, vous laissez périr la cité. Romains ? Vous vous efforcez d'en abolir le nom... Malgré tout ce que je fais sans cesse pour augmenter la population... je vois avec peine que vous êtes beaucoup... Vous êtes meurtriers, en n'engendrant pas les enfants qui devraient naître de vous... Vous renversez la constitution de l'État, en n'obéissant pas aux lois ; vous trahissez la patrie elle-même, en la frappant de stérilité et d'impuissance, ou, plutôt, vous la ruinez de fond en comble, en la privant de citoyens pour l'habiter un jour : car c'est dans les citoyens que consiste une ville, et non dans des maisons, dans des portiques ou des places désertes...

« Si cette vie solitaire vous plaît, ce n'est pas parce que vous vous passez de femmes ; aucun de vous ne mange seul, ne dort seul : ce que vous voulez, c'est la libre satisfaction de vos passions et de vos dérèglements...

« Pour moi, je rougis d'avoir été réduit à tenir un tel discours ; je rougis de votre conduite. Renoncez donc à votre délire, et songez qu'après les maladies, après les guerres qui ont moissonné successivement tant de citoyens, il est impossible que l'État subsiste, si les vides de la population ne sont pas remplis par des naissances continuelles[1]... »

On cherchait à éluder les prescriptions légales par des expédients et des subterfuges. On intri-

1. DION CASSIUS, *Hist. rom.*, liv. LVI, 1 à 10, trad. Gros.

guait pour échapper aux déchéances attachées au célibat et à l'*orbitas*. Dans le principe, le Sénat eut seul qualité pour connaître des affaires relatives à l'application des lois matrimoniales et pour accorder des dispenses. Mais, dans la suite, les empereurs s'arrogèrent le droit de faire remise des déchéances par un simple acte de leur volonté. Ainsi fut créée dans l'État une catégorie de gens exemptés des sanctions des lois caducaires et gratifiés du *jus liberorum*, bien qu'ils fussent célibataires ou mariés sans enfants[1].

Non seulement par ces faveurs injustes les lois caducaires semaient des germes de discorde entre les citoyens, mais elles conduisirent à de criants abus. Des habiles faisaient mine d'observer la loi et, en réalité, ils la pliaient à leur profit. Bien avant la réforme d'Auguste, L. Scipion, qui fut censeur en l'an de Rome 612, dénonçait les fraudes auxquelles donnaient lieu les *præmia patrum*. Il se plaint que les fils adoptifs donnent aux citoyens qui les adoptent les avantages réservés par la loi à la paternité. On adoptait un fils pour avoir double suffrage dans les comices : « Le père vote dans une tribu, dit-il, et le fils dans une autre. » Ces pratiques détestables n'en continuèrent pas moins malgré la vigilance des censeurs, et Tacite pouvait écrire : « Une coutume des plus condamnables s'était établie vers ce temps (sous le principat de Néron). A l'approche des comices, ou lorsqu'on était près de tirer au sort les provinces, beaucoup de gens sans enfants se donnaient des fils par de feintes adoptions, et à peine avaient-ils

1. Trajan donna le *jus liberorum* à Pline le jeune qui, marié deux fois, n'avait pas eu d'enfants.

concouru, à titre de pères, au partage des prétures et des gouvernements qu'ils émancipaient ceux qu'ils venaient d'adopter. Des plaintes amères furent portées au Sénat... » et un sénatus-consulte prononça que les adoptions simulées ne donneraient aucun droit aux fonctions publiques, et n'autoriseraient pas même à recevoir des héritages [1].

Mais encore cette réforme qui ne pouvait invoquer d'autre excuse que la raison d'État, eut-elle une influence réelle et sensible sur la natalité ? C'est une question historique que j'envisagerai dans un prochain article. Car les lois d'Auguste ne pouvaient avoir d'effet immédiat. C'est au cours des siècles suivants qu'apparaîtra leur efficacité ou leur impuissance.

1. TAC., *Ann.*, XV, XIX.

Paris. — L. MARETHEUX, imp., 1, rue Cassette. — 3982.

Collection Horizon (suite)

Volumes parus (suite) :

Hystérie-Pithiatisme et Troubles nerveux d'ordre réflexe, — par J. Babinski, Membre de l'Académie de Médecine, et J. Froment, Agrégé, Médecin des Hôpitaux de Lyon (*fig. et* 8 *planches.*)

Psychonévroses de guerre, — par les Drs G. Roussy, Professeur agrégé à la Faculté de Paris, et J. Lhermitte, ancien Chef de laboratoire à la Faculté de Paris.

Formes cliniques des Lésions des Nerfs, — par Mme Athanassio-Benisty, Interne des Hôpitaux de Paris, avec Préface du Pr Pierre Marie, Membre de l'Académie de Médecine (*avec* 81 *figures et* 7 *planches noir et couleurs*).

Traitement et Restauration des Lésions des Nerfs, — par Mme Athanassio-Benisty, avec Préface du Professeur Pierre Marie.

Les formes anormales du Tétanos, — par Courtois-Suffit, Médecin des Hôpitaux de Paris, et R. Giroux, Interne Pr. des Hôpitaux, avec Préface du Professeur F. Widal.

Les Dysenteries. Le Choléra. Le Typhus exanthématique. (*Symptomatologie. Etiologie. Prophylaxie*), — par H. Vincent, Médecin-Inspecteur, Membre de l'Académie de Médecine, et L. Muratet, chef des Travaux à la Faculté de Bordeaux.

La Fièvre typhoïde et les Fièvres paratyphoïdes. (*Symptomatologie. Etiologie. Prophylaxie*), — par H. Vincent, Médecin-Inspecteur de l'Armée, Membre de l'Académie de Médecine, et L. Muratet, Chef des Travaux à la Faculté de Médecine de Bordeaux.

La Syphilis et l'Armée, — par G. Thibierge, Médecin des Hôpitaux de Paris.

Paraîtront prochainement :

Guide pratique du Médecin dans les Expertises médico-légales militaires. — par le Médecin Principal Duco et le Médecin-Major Blum.

Blessures de la Moelle et de la Queue de cheval. *Formes cliniques et anatomiques. Traitement,* — par les Drs G. Roussy et J. Lhermitte (*fig. et planches*).

L'Appareillage dans les Fractures de guerre, par le Dr Alquier et le Médecin Principal J. Tanton.

Otites et Surdités de Guerre. *Diagnostic. Traitement. Expertises,* — par H. Bourgeois et Sourdille.

Pari — L. Maretheux, imprimeur, 1, rue Cassette.

Collection Horizon

COLLECTION DE PRÉCIS DE MÉDECINE ET DE CHIRURGIE DE GUERRE

Chacun des volumes de cette Collection est vendu broché au prix de 4 francs.

Volumes parus :

Localisation et extraction des projectiles, — par Ombrédanne, Professeur agrégé, et R. Ledoux-Lebard, chef de Laboratoire de Radiologie des Hôpitaux (*avec figures dans le texte et 8 planches hors texte*).

Les Blessures de l'Abdomen, — par J. Abadie (d'Oran), Correspondant National de la Société de Chirurgie, avec Préface du Dr J.-L. Faure (*avec 69 figures et 4 planches hors texte*).

Les Blessures des Vaisseaux, — par L. Sencert, Professeur agrégé à la Faculté de Nancy (*68 figures et 2 planches*).

Les Séquelles Ostéo-Articulaires *des Plaies de guerre,* — par Aug. Broca, Professeur à la Faculté de Paris (*avec 112 figures*).

La Prothèse des Amputés, — par Aug. Broca, Professeur à la Faculté de Paris, et Ducroquet, Chirurgien Orthopédiste de l'Hôpital Rothschild (*avec 208 figures dans le texte*).

Le Traitement des Plaies infectées, — par A. Carrel et G. Dehelly (*avec 67 figures dans le texte et 4 planches hors texte*).

Traitement des Fractures, par R. Leriche, Professeur agrégé à la Faculté de Médecine de Lyon (*2 volumes*).

Les Fractures de la Mâchoire inférieure *en Chirurgie de guerre,* — par L. Imbert, Correspondant de la Société de Chirurgie, et Pierre Réal.

Les Fractures de l'Orbite *par Blessures de guerre,* — par Félix Lagrange, Professeur à la Faculté de Médecine de Bordeaux.

Blessures du Crâne et du Cerveau. *Formes cliniques et Traitement médico-chirurgical,* — par Charles Chatelin et de Martel.

T. S. V. P.

www.ingramcontent.com/pod-product-compliance
Ingram Content Group UK Ltd.
Pitfield, Milton Keynes, MK11 3LW, UK
UKHW021029180726
13838UKWH00004B/1679

9 782329 426914